Inhalt

AF672547

Im Anflug - Vogelgripppe beflügelt Pharmaindustrie

GENIOS BranchenWissen Nr. 08/2005 vom 25.08.2005

Im Anflug - Vogelgrippe beflügelt Pharmaindustrie

Autor GENIOS BranchenWissen: A.Schneider

Kernthesen

- Die Vogelgrippe ist eine durch Viren hervorgerufene Tierkrankheit, die vor allem Hühner, Puten, Gänse, Enten und wildlebende Wasservögel befällt.
- Fachleute befürchten, dass sich ihr Erreger von Südostasien über Russland weiter in Richtung Europa ausbreiten wird.
- Die Weltgesundheitsorganisation hält es nur für eine Frage der Zeit, bis das Virus mutiert und dann auch für den Menschen gefährlich wird.
- Die Pharmaindustrie profitiert von der Angst vor der Vogelgrippe, nicht zuletzt weil

die Bundesländer bereits für rund 10 Prozent der Bevölkerung Grippemedikamente bestellt haben.

Beitrag

Die Vogelgrippe ist nur noch wenige Flugstunden entfernt: Ihr Erreger, das H5N1-Virus, das seit Jahren in Asien wütet und dem bisher Hunderttausende von Vögeln und 57 Menschen zum Opfer fielen, hat Russland erreicht. Die Bundesverbraucherschutzministerin rüstet zum Kampf und die Pharmaindustrie wird beflügelt.

Die Vogelgrippe

Die Vogelgrippe oder Geflügelpest ist eine durch Viren hervorgerufene Tierkrankheit, die vor allem Hühner, Puten, Gänse, Enten und wildlebende Wasservögel befällt. Säugetiere sind weniger anfällig für das Virus, gelegentlich wurden Hausschweine infiziert. Sie wurde 1878 erstmals in Italien beobachtet. Manche Vögel kommen glimpflich davon, haben nur zerzauste Federn und legen weniger Eier. Die meisten jedoch erwischt es schlimmer. Über Kot und durch Tröpfcheninfektion stecken sie sich an, leiden an Fieber, Atembeschwerden und Durchfall und sterben. (1)

geht auf Weltreise

In den vergangenen Jahren konnten wir immer wieder Berichte über die Vogelgrippe lesen. 1997 tauchte der Erreger in Hongkong auf wurde vermeintlich erfolgreich bekämpft und schnell vergessen. Vor drei Jahren dann meldeten zehn asiatische Länder Vogelgrippe-Alarm. Doch Vietnam, Thailand, Indonesien und Kambodscha sind weit weg. Dort machen wir zwar Urlaub und spazieren durch die exotischen Vogelmärkte, holen uns möglicherweise die Malaria, aber doch keine Grippe! Das Virus reiste weiter. Zunächst zog es ins nahe gelegene China. In einem Naturschutzgebiet mussten Tausende Zugvögel dran glauben. Doch in China bestaunen wir die Chinesische Mauer und die explodierende Wirtschaft, eine Grippe beeindruckt uns wenig. H5N1 setzt seine Reise gen Westen fort. Es hat jetzt Russland erreicht. Die Weltorganisation für Tiergesundheit (OIE) hat bestätigt, dass es sich bei dem Erreger, der derzeit bereits seine tödlichen Spuren in Sibirien hinterlassen hat, um eben dieses H5N1-Virus handelt. Zwar haben die russischen Behörden jüngste Meldungen zurückgewiesen, dass die Vogelgrippe in Tscheljabinsk im Uralgebirge aufgetaucht sei, (2) aber trotzdem: Das Virus steht inzwischen quasi vor der Haustür Europas. Ob es wohl bald bei uns einreisen wird?

Die Weltgesundheitsorganisation (WHO) und Infektionsexperten warnen seit langem, dass sich das Virus in die ganze Welt ausbreiten könnte. Die Gefahr einer Pandemie sei real und das Risiko derzeit so hoch wie seit Jahrzehnten nicht mehr. Als Pandemie wird die weltweite Ausbreitung eines besonders aggressiven und tödlichen Influenzavirus bezeichnet. (3) Allzu ernst nahm das bisher scheinbar niemand. Doch nun hat das Virus die Bundesgesundheitsministerin, die Bundesverbraucherschutzministerin und die Agrarexperten aller Parteien auf den Plan gerufen. Naturschutzbund, Bauernverband und Bioland Deutschland sind zunehmend in Sorge. Pharmakonzerne reiben sich die Hände. Die Nervosität der Europäer steigt. Warum?

Warum wir sie ernst nehmen sollten 5 gute Gründe

Zum ersten wird das Virus selbst aggressiver. Untersuchungen an Versuchstieren haben dies ergeben. Immer häufiger greift das Virus das Gehirn seiner Wirte an. Mäuse sind inzwischen innerhalb von 72 Stunden tot.

Zum zweiten ist es keineswegs nur auf Vögel beschränkt. Es hat inzwischen acht Säugetierarten infiziert. Und auch Menschen erkranken und sterben an der Vogelgrippe. (3)

Zum dritten nutzt das Virus die Reiselust der Zugvögel, um sich selbst zu verbreiten. Mit den Zugvögeln geht es auf Wanderschaft von Ost nach West. Die Zeit der Zugvögel naht. Im September werden sie in Europa erwartet. Das H5N1-Virus wird vermutlich so mancher Vogel im Gepäck haben.

Zum vierten erleichtert ihnen unverantwortungsvolles menschliches Handeln die Weiterreise. Händler, Touristen und Schmuggler, die Zugvögel einführen, können die Vogelpest mitbringen. So wurden Anfang August zwei infizierte Vögel aus Russland vom Zoll in Brüssel im Koffer entdeckt und beschlagnahmt. (4)

Zum fünften haben im Sommer 2005 Robert Webster vom St. Jude Childrens Research Hospital im Memphis (USA) und seine Forscherkollegen aus Asien entdeckt, dass die Hausenten in Asien nicht mehr so stark erkranken wie vor ein paar Jahren. Damit besteht die Gefahr, dass diese Hausenten als neue

Reservoirwirte zu einem Sammelbecken für A/H5N1-Varianten werden. (5) Diese neuen Virenvarianten sind für andere Hausgeflügel und den Menschen hoch gefährlich.

Ihre Reise von Tier zu Tier, von Tier zu Mensch

Seine Übertragbarkeit von Tier zu Tier hat das Virus angesichts von Hunderttausenden toten Vögeln eindrucksvoll unter Beweis gestellt. Eine Gefahr für die deutschen Tiere besteht vor allem über die erwarteten Zugvögel, die entweder selbst in einem Gehege landen oder deren Kot vom Himmel in ein Gehege oder Gewässer fällt, dort von einem Huhn aufgepickt oder von einer Ente oder Gans gefressen wird. In Deutschland zittert vor allem Niedersachsen. Dort liegt das größte Geflügelaufzuchtgebiet Deutschlands. Von den mehr als 100 Millionen deutschen Hühnern, Enten, Gänsen kommen über 50 Prozent aus Niedersachsen. Auch vom Tier auf den Menschen kann das Virus übertragen werden. Betroffen waren bisher nur vereinzelt Bauern und Arbeiter, die sehr eng mit infizierten Tieren in Kontakt waren, weil sie beispielsweise ein krankes Tier geschlachtet hatten. (1)

und von Mensch zu Mensch

Eine Übertragung von Mensch zu Mensch ist derzeit nicht möglich. Noch nicht. Denn das Erbgut des Virus muss mutieren, um von Mensch zu Mensch übertragbar zu sein. Dies könnte etwa im Körper eines Schweins oder eines Menschen geschehen, der gleichzeitig mit der normalen Humangrippe und der Vogelgrippe infiziert ist. Hier könnte aus den beiden Grippe-Viren ein neuer Virustyp entstehen, der möglicherweise hoch ansteckend von Mensch zu Mensch und sehr aggressiv sein könnte. Eine Vogelgrippe könnte in Deutschland zu 20 Millionen Arztbesuchen und bis zu 160 000 Toten führen. (6)

Wie Mensch und Tier geschützt werden sollen

Die EU und auch Deutschland bereiten sich auf die Ankunft des Vogelgrippevirus H5N1 vor. Die EU hat ein Importverbot für lebendes Geflügel, Geflügelfleisch, Eier und unbehandelte Federn aus asiatischen Ländern, aus Russland und Kasachstan verhängt. In den Niederlanden gilt seit 22. August 2005, dass Geflügel vorerst nicht mehr im Freien

gehalten werden darf. (13)
Bundesverbraucherministerin Künast (Grüne) hat einen Notfallplan in der Tasche. Sie will per Eilverordnung die Freilandhaltung von Geflügel ab Mitte September verbieten. Aufstallungsgebot nennt man das. Bevor die Zugvögel Mitte September Deutschland erreichen, sollen Hühner, Gänse und Enten in ihren Ställen bleiben. Eine Registrierung aller Vogelhalterbetriebe ist geplant. Ist eine Aufstallung nicht durchführbar, müssen die Futterplätze mit Netzen abgedeckt werden. Die bekannten Rastplätze der Zugvögel sollen dieses Jahr besonders genau beobachtet werden. Eine vorbeugende Impfung der Tiere wäre zwar machbar, da es seit Mai 2005 zwei zugelassene Impfstoffe gibt. Auf Anraten der WHO wird aber EU-weit keine Impfung durchgeführt, weil dann zwar die Tiere weniger erkranken würden, sich aber geimpfte und infizierte Tiere nicht voneinander unterscheiden ließen. Infizierte Vögel würden keine Krankheitssymptome mehr zeigen, aber das Virus weiterhin übertragen und es so verbreiten.

Darüber hinaus gilt es den Menschen zu schützen. Und zwar rechtzeitig! Denn wenn das Virus erstmal für den Menschen gefährlich und ansteckend ist, ist es für eine wohl organisierte Vorbereitung möglicherweise zu spät. Die Verantwortung für den Infektionsschutz liegt in Deutschland bei den Ländern. Sie haben Vorräte virenhemmender

Medikamente, sogenannte Neuraminidase-Hemmer, angelegt. Diese können zwar die Grippe nicht verhindern, aber den Krankheitsverlauf mildern. Die Symptome sind die gleichen wie bei einer normalen Grippe: Erkältung, schlagartig hohes Fieber, Gliederschmerzen. Die Weltgesundheitsorganisation schätzt, dass 25 bis 35 Prozent mehr oder weniger stark erkranken würden, wenn das Virus von Mensch zu Mensch übertragen würde. (7) Das Robert-Koch-Institut (RKI) hat ausgerechnet, dass für mindestens 20 Prozent der Bevölkerung, also für 16 Millionen Menschen in Deutschland, Medikamente bevorratet werden sollten. (3) Die Bundesländer haben bisher für rund 10 Prozent der Bevölkerung Grippemedikamente bestellt. Frankreich und Großbritannien haben schon für rund 20 Prozent ihrer Bevölkerung Grippe-Mittel eingekauft. (8)

Die Vogelgrippe beflügelt die Pharmaindustrie

Die ideale Vorbeugung gegen eine Infektion mit der lebensgefährlichen Vogelgrippe wäre eine Schutzimpfung. Damit könnte unser Körper bereits im vorhinein Antikörper bilden, im Falle einer Infektion das Virus bekämpfen und uns gar nicht erst krank werden lassen. Nur: Ein gezielt gegen dieses

Virus wirkender Impfstoff kann erst entwickelt werden, wenn sich das Virus tatsächlich so mutiert hat, dass es von Mensch zu Mensch übertragen wird. Trotzdem sind jetzige Investitionen in die Impfforschung sinnvoll und zwar unter folgendem Aspekt: Bisher werden Influenza-Impfmittel in Hühnereiern hergestellt. Sollte es zu einer Pandemie kommen, könnte es zu einem Engpass an Hühnereiern kommen. Die Forschung arbeitet daher intensiv daran, einen Weg zu finden, den Impfstoff über Zellkulturen herstellen zu können. Doch noch ist diese Methode nicht so erfolgreich, wie es sich die Forscher wünschen. (2), (9) Bundesfinanzminister Eichel (SPD) hat sich dafür ausgesprochen, noch in diesem Jahr zwei Millionen Euro und bis 2010 insgesamt 20 Millionen Euro zusätzlich in die Impfforschung zu investieren. (10) Gute Medikamente gegen die Vogelgrippe sind auf alle Fälle von Nöten.

Mit dem Kampf gegen die Vogelgrippe entsteht ein Milliardenmarkt. Zwei Bereiche der Pharmaindustrie sind besonders involviert, nämlich die Hersteller von Impfstoffen und die Produzenten von Grippemedizin. In Ersterem tummeln sich viele Biotech-Unternehmen, aber auch große Pharmakonzerne, wie die französisch-deutsche Gesellschaft Sanofi-Aventis. (8)

Da kaum zu erwarten ist, dass sich die ganze Bevölkerung gegen die Vogelgrippe impfen läßt, ist

der Bereich der Grippemedikamente aber vielleicht noch wichtiger.
Es gibt zwei verschreibungspflichtige Medikamente, mit denen die Grippe behandelt werden und die ihren tödlichen Ausgang bei rechtzeitiger Einnahme verhindern kann: Tamiflu von Roche als Kapsel und Relenza von GlaxoSmithKline als Spray. Die antiviralen Grippemittel sollen die Zeit überbrücken, bis ein Impfstoff zur Verfügung steht. Die Kasse klingelt in der Tat schon jetzt: von Januar bis Juli verkaufte Roche Tamiflu im Wert von 580 Millionen Franken eine Verdreifachung im Vergleich zum Vorjahreshalbjahr von 128 Millionen Franken! (8)

Nicht zuletzt dank der Vogelgrippe ist ein Milliardenmarkt mit neuen Vakzinen am Entstehen, der aus Investorensicht viel attraktiver scheint als die klassischen Präventivimpfungen. Antivirale Medikamente stehen ganz oben auf der Agenda von Gesundheitspolitikern, so dass mittlerweile die Pharmaindustrie gar nicht hinterher kommt, die eingehenden Bestellungen abzuarbeiten. Dabei wird die Pharmaindustrie schon von Manchem verdächtigt die Grippeangst über PR-Agenturen bewußt zu schüren. Kommt es zu einer Pandemie welcher Art auch immer, steigt der Wert ihrer Produktionskapazitäten ins Unermeßliche. (14)

Ernst nehmen sollten wir also die Vogelgrippe

durchaus, uns besonnen darauf vorbereiten auch. In Panik zu verfallen brauchen wir wohl nicht. Wenn sie denn tatsächlich kommt, werden viele Tiere und Menschen leiden. Auch unsere Wirtschaft. So etwa die Touristikbranche. Andere werden profitieren. So etwa die Pharmaindustrie.

Fallbeispiele

Roche:

Grippemittel Tamiflu (Wirkstoff Oseltamivir) kann eine Erkrankung eigentlich nicht verhindern, sondern hemmt nur die Ausbreitung des Virus im Körper. Verdreifachung des Tamiflu-Umsatzes im ersten Halbjahr auf 580 Millionen Franken, davon allein 236 Millionen Franken aus Japan, wo eine "normale" Grippe wütete. Roche will seine Tamiflu-Produktion bis 2006 verzehnfachen, nachdem die Produktion im vergangenen Jahr verdoppelt wurde und dies in diesem Jahr wohl wieder der Fall sein wird. (15) Allerdings ist der eigentliche Tamiflu-Entwickler der US-Konzern **Gilead** und Roche ist nur Lizenznehmer! (8)

Glaxo Smith Kline (GSK)

Grippemittel Relenza: GSK reichen die bisherigen Relenza-Produktionskapazitäten des Werks in Frankreich noch aus. Rund 1,7 Millionen Packungen Relenza zu Sonderkonditionen liefert GSK an die Bundesländer. Das Unternehmen hat bereits begonnen die Kapazität seines Grippeimpfstoffwerks in Dresden zu verdoppeln. (15)

Sanofi-Aventis

Sanofi-Aventis hat erst vor kurzem mit der US-Gesundheitsbehörde FDA einen Kontrakt über eine größere Lieferung von Impfstoffen geschlossen. Als Forschungspartner profitiert davon auch das holländische Biotech-Unternehmen **Crucell**.(8)

Zahlen & Fakten

- Die Vogelgrippe basiert auf den hoch ansteckenden Influenza-A-Viren der Subtypen H 5 oder H 7.

- Der Erreger der Vogelgrippe ist der Virus H5N1.

- Low Pathogenic Avian Influenza (LPAI): leichter Krankheitsverlauf; Symptome beim Tier: zerzauste Federn, Rückgang der Eierproduktion.

- High Pathogenic Avian Influenza (HPAI): tödlicher Krankheitsverlauf; Symptome beim Tier: Fieber, Atembeschwerden, Durchfall.

- Symptome beim Menschen wie bei der normalen Grippe: Fieber, Kopf-, Hals-, Gliederschmerzen, Lungenentzündung, Tod.

- Übertragung bisher von Tier zu Tier durch Kot und Tröpfchen, vereinzelt von Tier zu Mensch, noch nicht bestätigt ist die Übertragung von Mensch zu Mensch.

- Die WHO (Stand August 2005) verzeichnet seit dem 26. Dezember 2004 insgesamt 112 bestätigte H5N1-Infektionen bei Menschen, davon 57 Todesfälle. Vietnam: 90 Erkrankungen, 40 Todesfälle, Thailand: 117 Erkrankungen,. 12 Todesfälle, Kambodscha: 4 Erkrankungen, 4 Todesfälle, Indonesien: 1 Erkrankung, 1 Todesfall. (9)

-Europa: In den 1980er Jahren war die Vogelgrippe in Irland aufgetreten. Im Frühjahr 2003 wurde sie aus den Niederlanden gemeldet. Dort waren über 200 landwirtschaftliche Betriebe betroffen, über 14 Millionen Tiere wurden notgeschlachtet, davon 84 000 in Nordrhein-Westfalen. Ein infizierter holländischer Veterinärmediziner starb.(5)

-China: Im Frühjahr 2005 wurden nach offiziellen Angaben mehr als 6 000 tote Zugvögel unterschiedlicher Arten aufgefunden (New Scientist vom 9. Juli 2005, S. 14). Es gab Gerüchte, dass mehrere dutzend Menschen erkrankt und gestorben seien. Dies wurde von der amtlichen chinesischen Nachrichtenagentur dementiert. (5)

-Russland: Das russische Katastrophenschutzministerium bestätigte, dass es sich bei dem in der Stadt Tscheljabinsk im Ural bei Zugvögeln entdeckten Erreger um H5N1 handelt. Von China aus hatte sich der Erreger seit Juli über Nowosibirsk, Tjumen, Omsk, Kurgan und Altai nach Tscheljabinsk ausgebreitet, das rund 1 000 Kilometer von Nowosibirsk entfernt liegt. Jüngste Meldungen aus dem Ural und aus Südrussland hingegen bestätigten sich nicht. (11)

- Die EU hat einen Importstopp für Geflügelprodukte aus folgenden Ländern verhängt: China, Indonesien, Kambodscha, Kasachstan, Laos, Malaysia, Nordkorea, Pakistan, Sibirien, Vietnam. Seit Mitte August gilt ein Importstopp für Geflügel aus Russland und Kasachstan. (12)

Weiterführende Literatur

(1) 8 Fragen & 8 Antworten
aus taz, 19.08.2005, S. 3

(2) Wer sorgt für Impfstoff gegen gefährliche Grippe? Es fehlen 20 Millionen Euro
aus Frankfurter Allgemeine Zeitung, 19.08.2005, Nr. 192, S. 4

(3) Die Gefahr wird unterschätzt
aus Frankfurter Allgemeine Zeitung, 18.08.2005, Nr. 191, S. 30

(4) Vogelgrippe erreicht EU
aus Allgemeine Zeitung vom 17.8.2005

(5) O.V., Geflügelpest, www.wikipedia.de
aus Allgemeine Zeitung vom 17.8.2005

(6) Grippe-Arznei nur für jeden zehnten Deutschland mißachtet Experten-Empfehlung und ist schlecht auf eine weltweite Influenza-Epidemie vorbereitet
aus DIE WELT, 18.08.2005, Nr. 192, S. 31

(7) Neue Pläne gegen Viren
aus Süddeutsche Zeitung, 19.08.2005, Ausgabe Deutschland, S. 9

(8) Vogelgrippe wird zum Börsenthema Impfstoffhersteller bieten Potential - Experten favorisieren Sanofi, Gilead und Crucell
aus DIE WELT, 17.08.2005, Nr. 191, S. 17

(9) Vogelgrippe ante portas Die asiatische Geflügelpest kommt nach Europa - geeignete Impfstoffe für Mensch und Tier fehlen noch
aus Financial Times Deutschland vom 18.08.2005, Seite 30

(10) Eichel bewilligt 20 Millionen Euro zur Grippeabwehr
aus Frankfurter Allgemeine Zeitung, 20.08.2005, Nr. 193, S. 1

(11) Viel Gegacker um nichts?
aus Süddeutsche Zeitung, 19.08.2005, Ausgabe Deutschland, S. 9

(12) Bei Gefahr Verbot von Freilandhaltung Frühere Maßnahmen gegen Vogelgrippe möglich
aus Allgemeine Zeitung vom 23.8.2005

(13) Europäer uneins im Kampf gegen die Vogelgrippe Künast erwägt frühes Freilandverbot für Geflügel · EU-Kommission wartet ab · Hollands Hühner werden weggesperrt
aus Financial Times Deutschland vom 23.08.2005, Seite 9

(14) Gegen Seuchen hilft Alarmismus nicht DIE

PANIKMACHE MIT DER VOGELGRIPPE NÜTZT NUR DER PHARMAINDUSTRIE
aus taz, 18.08.2005, S. 11

(15) Kampf gegen die Vogelgrippe
aus Frankfurter Allgemeine Zeitung, 20.08.2005, Nr. 193, S. 18

Impressum

Im Anflug - Vogelgrippe beflügelt Pharmaindustrie

Bibliografische Information der deutschen Nationalbibliothek

Die Deutsche Nationalbibliothek verzeichnet diese Publikation in der deutschen Nationalbibliografie; detaillierte bibliografische Daten sind im Internet über http://dnb.d-nb.de abrufbar.

ISBN: 978-3-7379-2725-3

© 2015 GBI-Genios Deutsche Wirtschaftsdatenbank GmbH, Freischützstraße 96, 81927 München, www.genios.de

Alle Rechte vorbehalten. Dieses Werk ist einschließlich aller seiner Teile – z.B. Texte, Tabellen und Grafiken - urheberrechtlich geschützt. Jede Verwertung außerhalb der Grenzen des Urheberrechtsgesetzes bedarf der vorherigen Zustimmung des Verlags. Dies gilt insbesondere auch für auszugsweise Nachdrucke, fotomechanische Vervielfältigungen (Fotokopie/Mikroskopie), Übersetzungen, Auswertungen durch Datenbanken oder ähnliche Einrichtungen und die Einspeicherung und Verarbeitung in elektronischen Systemen.